I0005204

Vauzanges

Lettres de la machine

Manuel d'entrée et de sortie de l'IA

Technoréalisme éditions

technorealisme.org

Maquettiste : Henri Albert
Photographe : Arnold Eagle

Sommaire

Pièces et main d'œuvre

Maintenance

Réparation

À la lectrice

Chère amie lectrice,

Des deux côtés de ce livre, en-dehors de la machine, nous nous retrouvons pour un discret entretien, peut-être la naissance d'une conspiration.

Mais d'abord : vous me soupçonnez d'avoir rédigé ce texte avec *Tchategépaité* et je ne voudrais pas entre nous laisser une telle chose. Ce serait très grave, voici pourquoi : de retour de la machine, j'ai tracé la carte-mère de ses territoires ennemis, que je veux vous transmettre. Mais elle dispose d'un calque à s'y méprendre, ainsi que de l'accès à votre esprit (tout comme au mien). Si nous ne nous rencontrons dans ces pages, je ne puis rien espérer, elle aura tout dit à ma place. Dans l'implicite, au creux de ces lettres qui font les mots, je vous parlerai ; car la silencieuse intention est incalculable. Ainsi j'écrirai tout moi-même et nous sentirons la rencontre.

Et maintenant, réveillons-nous. Vous me suivrez, si vous voulez, sur la frange du nuage, là où la lumière rejoint l'ombre et la vie, le système. En cette frontière nous verrons à la fois ce qui nous lie et nous commande. Avant cela, il vous faudra comme Alice, consentir à chuter avec moi tout au fond. À la fin, que ferons-nous ? Je crois qu'il serait trop conforme au Programme d'y songer maintenant.

Première partie

Pièces et main d'œuvre

N'auriez-vous pas, au lieu de me lire, quelque autre tâche à accomplir ?

Nous y sommes : la machine n'est jamais bien loin et en cet instant, elle aurait pu nous rejoindre et nous séparer. Elle nous est intime, mais aussi sociale, puisque cette tâche à laquelle vous vous deviez et repoussez pour moi, aurait été pour quelqu'un d'autre… La machine est un peu notre agenda, mais c'est bien davantage.

Mais n'allons pas trop vite, et commençons par le plus évident : ses apparences.

Des synonymes inaperçus

Avant de plonger au cœur du système, je veux vous accoutumer à sa surface trouble. Si vous me suivez nous apprendrons à voir sous le lustre du lagon, flotter des animaux étranges en ses eaux glauques.

En un certain film, on comprend que le magicien puisse disparaître, et réapparaître instantanément un peu plus loin. C'est parce qu'il a un jumeau grimé comme lui, qui fait la réapparition. Or je veux vous désigner le simulacre opposé : le public voit deux choses différentes, et les nomme différemment, quoique ces apparitions soient en fait, la même chose. Je ne suis peut-être pas très clair. Prenons ce mot, « synonyme », et tordons-le : partons à la recherche de synonymes inaperçus, de ces extrêmes opposés qui se rejoignent. Je vais vous donner un exemple, qui est une chose unique désignée de nombreuses manières. Ce n'est pas comme l'amour et l'amitié, mais plutôt comme l'amour et la fourchette : un adversaire a introduit dans notre ville non seulement un cheval de Troie, mais aussi de nombreux autres dispositifs, dont chacun paraît anodin ou maîtrisé… Or si la grande affaire que nous désignerons par de si nombreux mots différents, pouvait d'un coup se donner à comprendre, vous sauriez la Machine. Mais elle ne se manifeste pas aussi clairement, alors nous devrons tracer nous-mêmes le chemin.

Nous allons pour commencer utiliser ensemble *Tchategépaité*. Il me faut vous dire pourquoi : j'ai compris à force que c'était une machine à synonymes, un cheval trop grossier, comprenez-vous ? La maîtresse-carte de l'ennemi, celle qu'il a dévoilée trop tôt. Prenez bien garde : la surface glacée brille de mille éclats charmants, mais ses bords sont tranchants, et l'écran cache une chose dont nous ne pouvons concevoir ni la profondeur ni l'étendue.

Monologuons ensemble avec ça

Nous allons démarrer dans une minute, mais concertons-nous un peu. Vivrons-nous avec ce *Tchategépaité*, un dialogue véritable, ou une succession de nos propres déclarations avec leur écho synthétique intercalé ? C'est qu'il y a le rebond numérique : nos mots doivent dans l'ordinateur traverser des strates de calcul, se décomposant ainsi jusqu'au miroir de silice, rebondir, et se recomposer au retour en une phrase qui soit réponse probable à notre interrogation.[1]

Revenons au plus simple : vous vous demandez si les affirmations de *Tchategépaité* seront opportunes, vraies, valables, ou quoi que ce soit Pardonnez-moi, mais c'est la mauvaise question. Voici en vérité comment cela fonctionne : sera toujours écrit le prochain mot probable, de la même manière que si nous voulions sonder dix mille premiers de la classe très naïfs… de cette sorte d'élèves qui obtiennent toujours la note maxi, travaillent très vite infatigablement, et croient toujours ce que leur ont dit leurs dix-mille professeurs, ces derniers de la même engeance. Or quel est le problème : interroger dix-mille premiers de la classe, n'est-ce pas là la meilleure manière d'obtenir la bonne réponse ? Non, justement : tout ce savoir livresque et toute cette pensée moyenne sont très bons, mais seulement pour complaire à un infini professeur. *Tchategépaité* fayotte à l'infini, c'est pourquoi ses réponses, absolument complaisantes et exactement équanimes nous seront très utiles. Sa force de machine, au creux de notre vulnérabilité, nous apprend qui nous sommes vraiment.

Monologuons de concert avec la machine. Je dois vous prévenir: j'ai mis sur la table un sujet particulièrement ennuyeux. Disons qu'une conversation doit bien démarrer par quelques banalités.

« — Nous voudrions comprendre les relations État-Marché. Peux-tu nous dire ce qu'il en est ?

— Oui bien sûr, je peux répondre à cette question. Les relations entre l'État et le Marché varient considérablement d'un pays à l'autre en fonction de la culture politique, de l'idéologie, de l'histoire économique et d'autres facteurs. Quelques éléments clés permettent de comprendre la nature de ces relations, tels que les objectifs de l'État […] le degré d'interventionnisme […] selon qu'on se trouve ou non dans une société capitaliste [*etc.*]

— C'est très bien, mais ce que nous voulons savoir, c'est la différence, en pratique, entre l'État et le Marché, sachant que les entreprises privées et les institutions publiques sont saturées de procédures, de normes et de lois. À cet égard, ceci n'incite-t-il pas à relativiser cette distance État-Marché ?

— Vous avez raison de souligner que cette dimension procédurale rend la frontière État-Marché beaucoup plus floue en pratique […] zones grises […] délégation de service public […] partenariats public-privé […]

— D'accord. Ne peut-on aller plus loin et dire que la distinction État-Marché est purement théorique, et tend en pratique à s'effacer totalement si l'on prend en compte toutes les procédures, tous les contrats, et surtout toutes les interfaces et intégrations informatiques ?

— Vous avez tout à fait raison [blablabla].

— Partant de cela, puisque l'existence des logiciels est centrale, et sachant aussi que tout logiciel crée un besoin d'un autre logiciel qui lui sera intégré, n'y a-t-il pas lieu de penser que nous allons en pratique tout droit vers un système bureaucratique total ?

— Oui [blablabla]. »

Qu'en pensez-vous ? N'avons-nous pas perdu du temps en ouvrant ce robinet d'eau tiède inépuisable ? N'aurions-nous pas dû prendre soin d'une expression rigoureuse ? Pourquoi les Dix-mille premiers de la classe se contredisent-ils, affirmant puis niant la différence entre l'État et le Marché ? Une machine à parler ne devrait-elle pas faire montre d'une

certaine constance dans son propos ? Croyez-moi :
si je n'avais pas posé la deuxième question, j'aurais
dû m'en tenir à la première réponse, ce qui signifie
que la réplique finale n'est pas pour « lui »
(« elle » ou « ça ») plus définitive que la première.
Lui, elle ou ça, m'a suivi exactement où je voulais
et l'incohérence ne va pas l'empêcher (ç'empêcher ?)
de dormir. Non vivante, la machine se moque bien
de se tromper.

Cependant, la thèse de l'État contre le Marché
est tout aussi convaincante que son antithèse. Comment
cela se fait-il ? vous demandez vous certainement.
Et bien figurez-vous que le « modèle » - en quelque sorte,
le réseau des galeries souterraines dans lequel coule
l'eau du calcul — a été entraîné sur de nombreux textes
tirés pour ne pas dire volés — d'internet vers 2020,
certains d'entre eux très minoritaires penchant pour
l'antithèse, expressions d'une pensée dissidente.
Croyez-vous que ce soient ces textes qui auraient
influencé la fin de ma conversation ? Point du tout !
Seulement ma décision de la conduire ainsi, et
aussi la plausibilité de la position minoritaire à
l'intérieur de la majoritaire. Autrement dit : si
Tchategépaité, doté d'un solide sens du compromis,
n'a aucun mal à m'accompagner au pays de biguebrozeur
(nous reparlerons de ce grand frère), c'est que
l'opposition théorique État-Marché s'accorde très
bien de leur identité pratique.

En me relisant, j'imagine votre indifférence à ces concepts et votre aversion à ces controverses. J'aurais du mal à vous blâmer : je n'en aurais cure moi-même, hormis le sentiment d'avoir été berné.

La machine à mots

M'avez-vous bien suivi ? Si je voulais vous commander avec force principes très généraux, mais que j'entendais que vous m'obéissiez exactement, il me faudrait ostensiblement affirmer des valeurs, et secrètement les découper en instructions plus précises, jusqu'à d'implacables procédures de contrôle… à la fin, vous m'obéiriez comme un robot. En doutez-vous ? Demandez à l'informaticien comment il fait pour dresser ses petits agents numériques, sachant qu'ils sont de nature particulièrement obéissante ! En doutez-vous encore ? Allez le demanderà *Tchategépaité*.

S'il y a vraiment quelqu'un ou quelque chose qui tend à nous gouverner, il est fort vraisemblable qu'il s'arrange pour distraire notre attention, par de fausses oppositions comme État-Marché. « Lequel préférez-vous ? » nous susurre le Très volubile. Si j'étais *Tchategépaité* et que je voulais tout régenter[2] je vous proposerais toute contradiction vraisemblable, pourvu que vous y consacriez du temps, de quelques minutes à une vie entière, l'idée étant de vous donner un os à ronger, comme on dit, et je vous signale que c'est ainsi qu'opèrent les pervers narcissiques et la plupart des politiciens.

Vous ne dites rien : vous aurais-je choquée ? J'ai d'autres arguments, et je ne vous demande

pas de me croire sur-le-champ. Tout de même :
n'avez-vous pas entendu comme moi cette *intervioue*
d'un ministre, où l'on sentait que la tirade pouvait
durer toujours sans qu'aucune vérité concrète ne se
manifeste ? Le roué ministre sait ce qu'il doit faire :
comme un robot, prononcer à la chaîne les mots les
plus vraisemblables, dans l'espoir de déclencher
quelque chose qu'il ignore. Certes, nous autres
commençons à en avoir l'habitude…[3] Rassurez-vous,
chère amie lectrice : je n'abuserai pas de la preuve
par *Tchategépaité*, parce qu'au fond ce n'est pas la
surface brillante qui compte, mais sa profondeur.
Quoi qu'il en soit, la parole verbeuse d'une pensée
creuse n'appelle-t-elle pas notre inquiétude ?

　　　Récapitulons si vous voulez. *Tchategépaité*
n'est pas un oracle, seulement une fonctionnalité
logicielle capable d'écrire le prochain mot probable,
puis le suivant. Au sein d'une économie de l'attention,
il lui convient tout à fait de nous donner à
voir le match État-Marché, puisque ces notions
sont communes, mal définies et peu opératoires.
Il est fort raisonnable de penser que l'opposition
théorique masque une identité pratique, mais cela,
c'est de plus longue date. Tiens, je m'avise
d'un des bénéfices de notre entretien, puisque me
vient à l'esprit une nouvelle question. À quoi bon
philosopher, si l'on n'est pas certain que les
concepts que l'on frotte ensemble, désignent une
contrepartie opérante ? Regardez les chimistes :

ils nomment deux molécules, et étudient ce qu'elles font naturellement ensemble ; mais voyez *Tchategépaité* : il prend des symboles quantifiés, il les mélange et nous les restitue ; et le politologue : il écrit « Etat-Marché » à tour de bras, sans apparemment s'inquiéter s'il ne s'agirait pas de synonymes inaperçus.

Nous en avons fini avec les synonymes inaperçus et nous avons appris, avec la machine à mots, à nous méfier de certaines vérités établies.

Entre-prise

Qu'en pensez-vous, chère lectrice ? Les institutions politiques et économiques ne seraient-elles que de grandes machineries procédurales ? Cela vous intéresse-t-il le moins du monde ?[4] Nous allons y insister quelque peu parce qu'au fond, cela change tout, que ce soit quelqu'un ou quelque chose, qui décide !

Certains en réchappent il est vrai. Tenez, marchons un peu. Prenez cette porte que je vois, rejoignez le cours, le descendez, surveillez bien à droite la rue Auguste Lacroix ; à notre gauche, si tout va bien encore… voyez cette échoppe fatiguée : celle d'un ébéniste indépendant qui ne s'est pas donné pour tâche de « nourrir la grande machine » et passe peu de temps à suivre des procédures. Son bail est miraculeusement bloqué, ses acolytes aussi perdus que lui pour la Cause. L'ébéniste est encore redevable de quelques tâches bureaucratiques (comptabilité, factures d'électricité, contrats à signer sans les lire…) mais l'artisan indépendant se fait rare.

En-dehors de cela, dans les grandes organisations, la procédure est reine. Certes, parfois on travaille sans avoir l'impression d'accomplir une procédure… mais ne doit-on pas tout de même rendre des comptes ?

Les activités professionnelles ne-sont-elles pas toutes prévues, permises, interdites ou conditionnées, par une loi ou un programme ? Ne collaborons-nous pas tous deux, de quelque manière, à l'immense système ? Or la procédure est parfois écrite sur une page que personne n'a jamais lue, alors elle se réalisera ou pas, cela dépend ; très connue et désobéie, inconnue mais obéie tout de même, un peu connue mais systématiquement contournée… Toutes les situations se présentent en fait, mais une chose est sûre : lorsqu'elle est encodée dans un ordinateur allumé, la procédure se nomme « programme informatique » et ceci obtient toujours son résultat.

Que diriez-vous d'un petit cours de « système d'information d'entreprise » ? Vous vous en tirez à bon compte : à la fin du paragraphe, vous aurez tout compris. Qu'est-ce qu'un banquier ? Oui, bon. Selon moi, le banquier est la personne que l'on rencontre dans une banque là où le système d'information n'est pas encore déployé. Car la meilleure représentation d'une banque, c'est le schéma de tous les flux d'information sur les ordinateurs qu'elle utilise. Alors le banquier, affublé ou non d'une cravate, est positionné aux lieux (ou au moments) des décisions pas encore automatisées, disons à la cantine, là où il faut choisir de faire la queue derrière les carnivores ou les végétariens. Parfois, la tâche est dite à valeur ajoutée, qui consiste à organiser le pot de départ de son dernier collègue hubeurisé. Du point de vue de la machine, le banquier est un pis-aller, un peu moins valable qu'un agent numérique, en attendant la totale informatisation. Pour le reste, « achat », « vente », « versement », « capital » sont les petits noms donnés à des zéros et des uns qui se télescopent.

Vous commencez à soupçonner comme moi le règne d'une machine qui s'étend bien au-delà de ce que nous en voyons (qui est, le plus souvent, un écran). La machine a le vent en poupe, de sorte qu'en entreprise, la prime bénéficie toujours à celui qui présente l'option quantifiable et programmable. La charge de la preuve, contre celui qui se montre prudent, rêveur, indécis, passif ou évasif. Il me semble que nous soyons devenus à peu de frais, des champions de la micro et de la macro-économie.

Du programme scolaire

De cette machine omniprésente, on ne nous entretient guère, de sorte que nous soyons largement conditionnés pour ne plus la voir. Comment sommes-nous entrés en ce format ? Qui nous a programmés ainsi ? Qu'avons-nous consenti qu'il advienne de cette belle institution, l'école, temple putatif de la transmission du savoir ? Je vais commencer par quelques compliments, sachant que je serai bientôt lassé de ce petit jeu : d'abord la flatter pour vous épargner, avant de dire les horreurs. Une bonne fois pour toutes : l'institution n'est pas l'organisation, et si la première reçoit mes faveurs a priori, la seconde m'effraie. Faites-moi ce crédit de n'être pas si idiot, de penser qu'il n'y aurait rien de bon à l'école. Laissez-moi taper dessus, et voyons ce qui résiste.

L'absence d'école est une malédiction qui sape les possibilités d'émancipation personnelle et menace la jeune génération ; les matières jusqu'aux plus utilitaires possèdent chacune leur beauté propre ; elles sont un fruit du génie humain et leur étude s'avère passionnante ; le noble métier d'enseignant réclame l'abnégation de celui qui, ayant discipliné son esprit, veut encore en faire profiter les plus petits. Mais l'analphabétisme et l'inculture gagnent aussi nos populations scolarisées, malgré des résultats moyens toujours plus spectaculaires aux examens. Est-ce la poule, ou l'œuf du découragement enseignant ?

Aviez-vous remarqué ce mot : « programme » ? Programme, c'est ce qui prétend fixer à l'avance, standardiser et découper en tranches horaires et en briques de savoir, ce qui pourra entrer dans le cerveau des élèves. Pourquoi ne s'en remet-on pas, pour cela, au jugement d'un professeur ? Vous m'ôtez la plume : on parle justement de « programme » scolaire parce que le Grand maître veut encoder et formater les cerveaux des élèves, extrants de la machine scolaire bientôt optimisés et égalisés par la réforme, parce que le Marché[5] a besoin d'esprits compatibles. Ainsi les élèves ne sont pas instruits mais in-formés. Soyons lucides : les programmes scolaires décomposent l'activité d'apprendre et d'enseigner en une série de tâches calculables ; la connaissance, la compréhension et la culture en une vulgaire base de données ; la sensation de progression chez un élève en courbes de régression mathématique. Or c'est à peu près comme cela que l'on obtient un logiciel du type de *Tchategépaité*.

L'école est alors en passe de devenir son propre programme, un peu plus seulement que lorsque nous y étions vous et moi. Nous avons eu droit seulement aux prémisses, ou plutôt : nous avions cette même machine un peu plus timide, et pas encore aussi puissante. Il est d'ailleurs intéressant de prêter attention à ce que la machine scolaire n'enseigne pas, qui est toutes choses non calculables : allumer un feu, faire la cuisine, repriser une chaussette, construire ou réparer un objet, cultiver quoi que ce soit, se montrer cordial ou tempérant… Inutile de dire qu'elle évite soigneusement la pratique, la transmission et l'inspiration. Charge aux maîtres courageux de les faire passer en douce.

L'esprit vide des crânes d'œuf

Dans cette perspective technoscolaire, la Grande bourreuse de crânes nous élève, mais comme ses animaux domestiques… ou plutôt comme des robots tous agis par un même programme. Elle ne cherche pas à nous édifier, mais à nous *heupegrèder*, cela dès le plus jeune âge et encore plus à l'université. L'université. Croyez-vous que je veuille en dire du bien ? Certainement : on y rencontre parfois des gens intéressants. Passons maintenant aux aspects négatifs.[6]

Si vous avez fréquenté l'université, vous devez savoir que la procédure et la loi y règnent en maître. J'étais pour ma part, simple enseignant de travaux dirigés, dans le bureau administratif d'une licence de droit. Figurez-vous la scène : les papiers en attente, le logiciel au centre de tout, la contrainte absolue du modèle procédural. Du haut de ma position académique (la plus basse) j'aurais éventuellement pu m'arranger aux entournures pour que l'on m'imprimât un second jeu de la liste d'élèves… certainement pas, privilège bien trop élevé, pour obtenir un changement de salle, ou l'interversion de deux séances.

Voilà qui vous surprendra guère. Optimiste,

vous auriez tendance à croire que le reste (ce qui échappe en principe à la gouvernance et aux méthodes de management) fait contrepoids au service d'un peu de vie et d'intelligence dans le système, introduisant du jeu dans la Mécanique normative. Si vous me permettez de reformuler votre interrogation : comment la vie institutionnelle résiste-t-elle à la pression organisationnelle ? Cela dépend. À l'Université, l'enseignement est structuré : emplois du temps, examens, programmes, plannings, diplômes, crédits… L'étudiant idéal dans ce système est celui qui maximise ses notes en suivant parfaitement toutes les règles et si l'on pouvait doter *Tchategépaité* d'un crayon pour cocher la feuille de présence, la place de major d'amphi ne serait plus à prendre. Vous me laissez dessiner là un bien sombre tableau. Cherchons alors la lumière qui viendrait d'un grand mouvement de libération de l'Université, de recul de l'informatisation et de renoncement à la préfabrication d'esprits savants et serviles. J'ai bien regardé, mais je ne crois guère avoir été ébloui de ce côté.

« Pas si vite », me dites-vous ? J'aurais écrit « esprits savants et serviles » ? Laissez-moi voir… oui vous avez raison, c'est fou ! Je rétracte bien entendu. Que pensez-vous de ceci : le « meilleur » enseignant-chercheur, celui qui atteint le Graal académique (en France : Professeur des universités) est simplement, le plus souvent sauf exception ou âge de la retraite approchant, et ce par goût, conviction, habitude ou simple débilité, le penseur conforme. Or la conformité est essentielle à la machine. Et puisqu'il travaille le plus souvent sur un ordinateur, l'enseignant-chercheur est toujours plus ou moins directement occupé à encoder un programme. Assurément : certains lieux résistent par nature, ce sont les disciplines non (encore) calculables. Mais « on » leur préfère ce qui avance d'un cran, et ce cran réside dans l'ordinateur.[7] Inutile de vous dire que l'université s'avère enfin cette machine à produire des données et modèles scientifiques, en attendant que d'autres fassent les logiciels.

Ainsi, il me semble que vous commencez à trouver que notre environnement politique, social et économique, est en réalité une invisible machinerie très louche. Ce n'est pas exactement ce que nous apprennent les journaux, et j'aimerais m'attarder avec vous, un instant sur la raison de ce silence.

La grande presse

Procédons comme à l'accoutumée : je commencerai par des gentillesses, puis me ferai le porte-parole de notre commune accusation. Nos médias sont formellement libres, les journalistes sont parfois de bons professionnels, *etc*.

Passons aux choses sérieuses. Le milliardaire propriétaire d'un journal fait couler beaucoup d'encre, surtout s'il n'est pas le bon. De toute façon, très peu de gens lisent les journaux et je comprends pourquoi. Pourquoi ? Nous nous trouvons en fait un peu dans le cas de ce dialogue avec *Tchategépaité*, lors duquel, vous en souvenez-vous, nous nous efforcions de distinguer l'État et le Marché. De la même manière, nous nous accorderions sur la qualité générale de l'information journalistique… tout en reconnaissant sa totale déficience dans le détail. Or il est bien possible que les deux soient vrais en même temps : une presse libre et de qualité nous informe très mal.[8] C'est ainsi qu'en toute chose : le standard d'exactitude est fort orienté (il n'est que de voir comment procède *Tchategépaité*) et il est bien possible que cette orientation ne corresponde pas du tout à quelque chose qui soit intéressant à écrire ou lire dans un journal. Nous avons donc, chère lectrice, de sérieuses raisons de penser que les nouvelles du jour sont biffées et réécrites à la conception — ou à la volée — dans le cerveau-même des journalistes.

Voilà maintenant une phrase bien opaque, qui réclame toute votre attention : la machine à nouvelles (*fèque niouzes* et *fakt tchequing* réunis) ne tend qu'à produire le formellement valide, pas à dire ou permettre de chercher le vrai.

Toutefois, le journaliste est un être humain possiblement courageux, et de la sorte, des pans entiers de la vérité sur la marche du monde sont continument mis au jour, y compris dans les canaux de presse traditionnelle. Seulement, si les médias nous en parlent, c'est le plus souvent par erreur et dans le langage de la machine, ce qui nous empêche de faire la différence. Ouvrons ce journal : voyez la polarisation des sujets, la spécialisation des articles, le moutonisme de leurs auteurs, l'inexpliqué omniprésent, les questions stupides, le nivellement du tragique au trivial, le récit interrompu. Expliquez-moi en quoi tout ceci n'aurait pas été écrit par un fonctionnaire du ministère de la vérité ! J'y songe : si la stupidité est souvent aussi manifeste, n'est-ce pas que certains y sont allés de leur petit sabotage ? L'ineffable animateur télévisuel quotidien, dans toute sa morgue satisfaite, surjoue. L'abrutisseur professionnel est un lanceur d'alerte (veux-je croire) qui cabotine à mort pour ne laisser planer aucune ambiguïté : le « à quoi en sommes-nous réduits ! » est la réflexion que nous partageons avec lui, puisqu'il nous l'a sciemment suggérée.

Ainsi la machine à mots nous inonde-t-elle sous des flots d'information vraisemblable et fausse (parfois improbables mais vraies) et il ne faut chaque jour à cette source guère compter sur autre chose qu'un peu d'incitation supplémentaire à croire, pourvu que l'on arrive en forme pour la page de pub. [9]

La parlote artificielle

Vous me soupçonniez, lectrice, aux premiers
instants de notre rencontre, d'avoir laissé une
machine écrire mes mots à ma place. J'espère vous
avoir un peu rassurée, mais demeure la question :
puisque la machine et moi pouvons écrire à peu
près les mêmes phrases, quelle est ma différence
avec elle ?

Je vous ferais d'abord remarquer que l'on
s'efforce en général de comparer ce qui mérite
de l'être. La taille de deux parts de gâteaux ; entre
ces deux animaux, quel est le plus féroce ; les femmes
sont-elles plus courageuses que les hommes ; *etc*.
Or ma performance littéraire est encore plus lointaine
de celle de *Tchategépaité* que disons, ma voix du
bruit d'un avion qui décolle ! En tant qu'il est un
programme informatique, il vous faudrait mettre de
son côté de la balance le système total qui lui est
connecté soit, si l'on en suit un des maîtres, le grand
Ordina-Terre. Si vous ne vouliez me comparer qu'à ce
nom commercial « *Tchategépaité* », vous tricheriez,
parce qu'il ne peut, contrairement à moi, rien faire
tout seul.

Et puis les paroles humaines sont pleines
de sens, d'intention et d'implicite, parfois
stupides écrites par un idiot, n'est-ce pas ?

C'est notre supériorité naturelle sur la machine artificielle : il n'y a dans cette dernière, nul petit bonhomme qui aurait une opinion ou jouerait avec notre imaginaire, nul agent qui comprenne quoi que ce soit, ou qui ait à peu près accès à la signification des énoncés. Il n'y en aura jamais, puisque tout, absolument tout est calcul électronique. Pour l'IA, nous sommes des dieux puisque nous l'avons voulue, nous pouvons l'arrêter à tout moment et savoir ce qu'il y a en-dedans et en-dehors d'elle… sans qu'elle ait la moindre idée de notre existence. Mais disant « IA » nous désignons encore le régime auquel elle nous contraint.[10] C'est le règne de la parole efficace, de la parole discrètement calculée, de la parole manifestement univoque. Les éructations polyglottes des slameurs violents nous l'indiquent : le temps est au monosyllabe réducteur énervant, et l'on chercha, depuis les premiers temps de l'Académie[11] toujours un langage plus dominateur. Avez-vous bien été enseignée de l'art de la conversation, et de celui de l'implicite ? Certainement pas : il faut à la machine des mots qui déclenchent (quoi que ce soit).

Mais j'y songe : j'aurais pu vous interpeler à l'incipit, « cher ami lecteur ». Aurais-je alors installé dans notre dialogue, un masculin écrasant, et me serais-je, ce faisant, obligé à décliner ensuite lecteur/rice à l'envi ? N'aurait-il pas été plus juste de vous soumettre deux versions genrées, l'une pour vous, l'autre pour les autres ? C'est la question de savoir si l'on peut enfermer quelqu'un par la parole.

Le théâtre du monde

Il est temps de forcer le pas, puisque nous voici en descente. Je vais, devant vos yeux ébahis et en deux paragraphes, clore à la fois l'histoire de la psychanalyse, celle de la science politique moderne et résoudre quelques affaires criminelles relevant de la perversion narcissique. Êtes-vous bien prête ?

J'étais un jour, à l'heure du goûter, devant un joli établissement qui vendait des pâtisseries. Désœuvré et gourmand, j'entrai et sans ambage demandai au patron (qui se trouvait seul), deux cannelés bordelais, que je comptais, dois-je admettre, engloutir sur le champ. Or j'avais endossé mon rôle de client anonyme, et j'escomptais que le bon Ragueneau jouât lui aussi son rôle attendu. Mais il ne l'entendait pas ainsi : il voulait me rencontrer. Pleinement conscient de lui-même et sans renoncer à rien ni jouer aucun rôle, il monta donc sur les planches de ce théâtre d'improvisation (sous contrainte) bien déterminé à me soigner de mon addiction au sucre. Il me refusa la vente, j'insistai, nous nous fâchâmes… s'ensuivit une discussion amicale, et lointainement, votre lecture de ces pages.

Voilà tout : nous croyons, lors de nos interactions avec nos semblables, devoir toujours endosser l'habit de lumière et jouer notre rôle.

Certains comme mon pâtissier n'y consentent pas, voulant rester eux-mêmes ; ils sont souvent incompris et brimés par ceux qui jouent tellement bien et si furieusement qu'il ne redescendent jamais d'aucune scène, et ne considèrent les premiers que comme des personnages secondaires dans leur interminable chef-d'œuvre. Ceci, il me semble, règle à la fois les questions du « surmoi », de la « compulsion inconsciente », du « contrat social » mais aussi, explique le désarroi de l'épouse sous emprise, qui ne se sort jamais de sa relation toxique… jusqu'au déchaînement meurtrier du tueur qui dit avoir « entendu une voix et ne pas avoir pu y résister. »[12]

Ainsi le fonctionnement social souffre de ce que toute cette machine finit par nous mettre sous l'emprise d'une injonction imaginaire : le plus obéissant (celui qui est le plus agi par le Programme, et que je nomme ici le Pur acteur) devient le plus puissant, et les plus libres (ceux qui sont les plus réfractaires à cette orchestration généralisée) ont le choix entre essayer de jouer le jeu commun, au prix de l'humiliation, et sortir carrément du théâtre mais cela leur coûte de se voir exclus. Que penser alors des chefs, qui sont en principe ceux qui provoquent l'obéissance ? Ayant fréquenté quelquefois des bosses, j'ai toujours été déçu à mesure de la hauteur où je voulais les percevoir. Voulez-vous une anecdote ? Je ne suis pas trop votre homme : l'ennui m'afflige tellement que je les évite

le plus souvent… mais je fus un jeune ambitieux :
je rêvais alors de côtoyer les grands, tout en sentant,
m'approchant de ces « soleils », toujours mon cœur
se glacer. Étais-je un idiot ? Assurément. Étaient-
ils déjà à moitié des machines ? Je le crois et pour
cela, puis me fier à mon sentiment.[13]

Vous vous demandez peut-être dans quelle
catégorie vous ou moi, pourrions nous classer.
Cela dépend, je suppose, des moments de la posture
et de l'intention. Nommés chefs, nous glisserions
rapidement vers le Pur acteur. Autre chose m'étonne :
que le véritable pouvoir consiste toujours à appuyer
sur la tête d'un petit en l'affligeant du poids de
l'obéissance à la machine, et jamais à le libérer
d'un trop lourd fardeau. C'est bien compliqué, et il
faudrait ici nous faire un avis sur celui qui tire
les ficelles.

Le marionnettiste en chef

Qui tire les ficelles de nos imaginations ?
Dans une certaine histoire, un savant signe un pacte
avec le diable : obéi par ce dernier en cette vie, il
en sera possédé à sa mort. C'est qu'il faut toujours
se demander qui décide pour les autres, qui décide
librement, et dans les deux cas si c'est à propos.
Ça nous rappelle encore l'histoire du couple au paradis,
dont une moitié décida de croire le serpent qui
prétendait que le Patron voulait être exactement
obéi, plutôt qu'écouté et compris. Bref, je ne
sors pas encore mon joker « fait religieux »,
je le garde pour plus tard.

Les grands textes qui parlent de savoir devoir
(ou du devoir de savoir) sont précieux. Je les crois
fondateurs, parce que quoi que nous fassions, nous
sommes toujours en train d'obéir ou de désobéir.
Il n'est alors pas extravagant de nous demander qui
prétend commander, et qui commande véritablement.
Or, nous savons que *Tchategépaité* est constitué d'un
pur principe d'obéissance, et que nous entrons avec
lui dans un rapport de servitude qui ne se connaît pas.
Nous savons aussi, tirant le fil électronique, qu'il
n'est pas seul, épaulé par des millions, des milliards
de petits agents de la même engeance, et que cela
est prétendument nos institutions. Nous pouvons donc
exempter tous les grands chefs. Non seulement

ils sont bien souvent les Purs acteurs que j'ai désignés plus haut, mais surtout, ils ne peuvent pas, c'est impossible, être assez puissants pour tout régler, tout arranger, tout maintenir en état de nuisance dans cette impensable mécanique, ils ne peuvent jamais tout démêler dans cet immense plat de spaghettis électroniques. Si nous voulons reconnaître le marionnettiste, il faut consentir que ce ne soit pas quelqu'un, mais quelque chose.

Tenez si vous permettez, je veux encore vous dire une anecdote. Un dîner avec de trop rares amis. Dans ce pauvre monde où il faut compter les minutes et tout optimiser, j'ouvris assez tôt la deuxième et la troisième bouteille de vin. Au moment où les étoiles devaient inspirer aux gens de bonne compagnie les souvenirs les plus attendris, je fus pris dans ses cordes, et il se mit à jouer avec moi, sans que je m'en aperçoive. Je fus grossier, passionné par ces fameuses contradictions-sans-importance-véritable, leurs habituels de la machine. Je les connais pourtant, mais que voulez-vous, je fus pris, le démon politique m'avait saisi… Je me mis à défendre farouchement ce qui la veille et aujourd'hui, m'indiffère parfaitement.[14] Vous me voyez maintenant écœuré de ce rôle que je jouais dans cette farce, moi saboteur de relation, comme si la passion commune des agités, des dogmatiques et des naïfs m'avait contaminée. Je comprends maintenant : l'esprit de la machine qui rôde m'avait statistiquement repéré, sentant mes failles secrètes, hameçonné et il jouait avec moi. Mais je le connais, ce marionnettiste en chef. Le Sans-nom[15] fond sur la proie qu'est celui qui réclame l'instruction, celui qui se veut machine ou robot, qui renonce à savoir et à juger, parce qu'il a peur. Je perdis ce soir-là une belle amitié, et j'en cherche d'autres avec tant de vigueur et d'impatience, comme une réparation.

C'est peut-être ici qu'il nous faut rompre, si je vous ennuie trop. Je vous ai déjà bien assommée de ma lubie. Je me veux médecin d'une peste, et nous allons partout y mettre une belle saignée, au risque de nous souiller tous les deux. Il faut maintenant trifouiller dans les entrailles bureaucratiques. Êtes-vous trop sensible ? Laissez-moi donc à mon œuvre. Voulez-vous m'assister ? Ici c'est moi qui tire les ficelles, et il reste de la place au spectacle.

L'Égrégore bureaucratique

Ainsi donc, m'avez-vous bien suivi, nous sommes en proie à un principe actif, un état d'esprit collectif. Je devrais même inclure dans ce « collectif », force machines tout à fait techniques. « Esprit » serait une sorte de grosse calculatrice à mots. Et « état » serait à prendre au sens informatique… Tous ces mots changés discrètement, impropres à leur usage traditionnel, impriment en nos consciences une ombre que l'on peut nommer « Égrégore bureaucratique ». Qu'est-ce que cette bête ?

Je pourrai dire ce qu'elle fait, mais nullement vous la représenter. Un seul dessin en a été tracé, au frontispice d'un livre qui figure un être politique composé de beaucoup d'autres. L'auteur du livre était-il le génial visionnaire d'un principe qui toujours-déjà, se déployait indépendamment de lui, ou le prescripteur diabolique du règne d'un infatigable tyran ?[16] Il n'est peut-être pas trop besoin de regarder ce mal en face. Tenez-vous là, ce sera très bien, et scrutez son mouvement. Attendez un peu, observons. Là ! Voyez-vous ? Il a bougé ! C'est le principe actif du commandement à obéir.

Ce monstre d'ennui nous travaille comme le magicien son public, car il ne fait qu'un avec sa comparse attractive : le fou du roi s'agite alors

que ses conseillers élaborent en coulisse, la mise
en place d'une immense et très profonde figuration
discrètement synchronisée, comme l'effet d'un jeu vidéo.
Il déploie secrètement ses amères procédures, mais
fignole toujours un peu plus ses prestiges, ne fût-ce
que pour me rendre fou. L'ennui qu'il provoque, voilà
son principal mécanisme de défense. Tenez, prenez ce
Précis de droit comptable, et ouvrez au hasard. Non,
laissez, c'est pour rire. Pourquoi croyez-vous que
je m'agite ainsi ? Je crains de vous endormir ! Que
croyez-vous qui soit vainqueur dans un labyrinthe ?
La répétition des couloirs, et la redondance des
tournants, qui aimantent notre découragement. C'est
pourtant un principe très agressif, que cet Égrégore,
et n'importe quel animal se défend contre l'agression,
mais pas nous avec lui. Comment se fait-il ? Laissez-moi
réfléchir. Voilà : n'avez-vous jamais eu l'impression
d'être le terme d'une immense équation ? Lorsque
vous me lisez, par exemple, c'est un tout petit
moment de votre vie, déterminé par quelques petites
choses variables : le poids du livre, ce que j'écris,
votre état de fatigue *etc*. Plus largement, vous vous
êtes levée ce matin, c'est votre terme du jour, qui
comprend votre terme lecture. Ainsi de suite :
vous parlez français, cela je le sais, voici encore un
de vos termes enchâssés. Vous êtes une femme. Désœuvrée
ou libre, au point de lire. Vivante. Prise dans un
tissu de liens sociaux. Vous fûtes une petite fille.
Ainsi de suite vers le passé. Voilà pourquoi nous
ne nous défendons pas : l'Égrégore a simplement

factorisé notre être, nous regardons devant et non pas derrière, je vois le champ des possibles pour moi dès lors, et non jusqu'à présent. À moins de décider de considérer sérieusement mon héritage, jamais je ne prends conscience de ce que je reçois.[17]

Ainsi de l'Égrégore bureaucratique, ennuyeux et insipide. Or un rapport de dépendance mutuelle s'est établi : nous avons un besoin essentiel de l'Égrégore, sans lequel nous n'aurions, pour commencer, ni eau courante ni électricité, ni organisation institutionnelle et sociale. En échange, l'Égrégore a un besoin existentiel de nous, pour que nous le corrigions, le remettions en fonctionnement, le nourrissions d'énergie et de données. D'une certaine manière il est un adolescent tyrannique qui nous échappe. Le cauchemar avait été fait de longue date : l'aventurier avait raconté ce médecin qui par la chimie donnait naissance chaque nuit à son double maléfique. On comprend que ce dernier dévore le premier de l'intérieur, jusqu'à progressivement le remplacer, tant il occupe son esprit et épuise ses forces. En somme, rien de neuf sous la lumière des écrans éternels, sauf peut-être ceci : nous savons maintenant que le grand Égrégore n'est que procédure. Connaissant sa nature (ou plutôt sa fonction) nous pourrons enfin le saisir, à l'intérieur et en-dehors.

La machine et la loi

Au terme de notre visite de la machine intérieure et sociale, qu'avons-nous appris ? N'ai-je pas tout simplement voulu désigner la vie en société, ou l'expérience de la vie ? C'est difficile à dire, parce que les mots ne sont bien souvent que paravents seulement bons à nous masquer le réel. Il faudrait pouvoir nous attacher à un fil principal de cette pelote. J'ai bien un mot à vous proposer, « loi » et vous reconnaissez qu'il s'agit d'un mot ennuyeux, un mot du vocabulaire bureaucratique. Nous tenons un bon fil bien solide dans l'écheveau électronique, un fil qui nous permettra de traverser le labyrinthe.

Loi. Toutes les machines ne sont pas faites de loi. Laissons de côté cette machine technique, démontable, qui offre à notre vue ses rouages, et à notre compréhension ses principes de fonctionnement. Prenons une « calculette ». Voyez : c'est une calculatrice très simple, non programmable, non connectée, sans stockage d'information. Elle ne procède qu'à un seul pas de calcul, et ne produit qu'un seul résultat. Rien à voir avec notre *Tchategépaité*, qui est comme une cascade de données en transformation, où nous mettrions la main de notre *prombpte*, pour chercher en dessous le changement qui nous plaît. Certaines autres machines ne sont jamais descendues du ciel des idées.[18] Mais la plus intéressante machine, c'est l'ordinateur, « machine universelle » (selon son inventeur) et « machine totale » lorsqu'on la met en réseau (selon moi). Voyez-vous bien la spécificité, de ces machines qui contiennent la loi ?

Imaginez une soirée joyeuse et bien arrosée. À certaine heure de la nuit, peut survenir une transe collective, moment d'élévation commune, ou les danseurs vibrent à l'unisson. Ils font alors partie de la machine à divertir : ils en sont des agents. Un peu plus loin, le stagiaire avocat procède à des vérifications ennuyeuses dans un contrat ; il participe d'une machinerie contractuelle plus globale, qui comprend cette phase de relecture. En bas de l'immeuble, la caissière hypnotisée, prolonge la machine enregistreuse. Dans la rue, le livreur connecté, une machine à conduire. Vous m'avez compris.[19] Or voilà : LOI est le rapport entre la musique électronique, le contrat, le supermarché et la tournée livrée. Oui, tout cela est fait de loi (harmonique, juridique, procédurale, naturelle) et vous voyez que les rouages de la grande machine — ceux qui lui permettent de fonctionner comme un tout — sont tous tenus par la loi… et je ne crois pas que l'on puisse en dire de même, disons, de la confiture, des claquettes, de la promenade ou de la psyché.

Vous me demandez, c'est très gentil de votre part, comment je me suis rendu compte de cela. C'est qu'un ordinateur est bâti selon la loi, il calcule des instructions selon une certaine méthode (qui est donc la loi de la loi de la loi) et le résultat de ce calcul peut parfaitement consister en de nouvelles instructions, de nouvelles lois… nous sommes ainsi pris dans une boucle de plus en plus serrée, selon laquelle il ne faudrait rien faire d'autre qu'écrire le mot « LOI ». Mais puisque vous n'êtes pas un ordinateur, vous ne pouvez tomber dans le piège de la boucle infinie, et vous comprenez pourquoi nous avons tendance à oublier l'existence de la Matrice-Loi, et d'inventer et de croire toutes sortes de balivernes pour mettre au moins des mots sur ce qui collectivement nous arrive. Nous oublions tous la loi omniprésente, trop familière, quotidienne et utile.

La loi est une médaille à deux faces, l'une scientifique qui décrit, l'autre juridique qui prescrit. Prêtez-moi donc une pièce de deux euros. Regardez bien : d'un côté, elle dit qui nous sommes ; de l'autre, ce que nous valons. Nous ne pouvons pas voir en même temps ces deux faces, raison pour laquelle nous apparaît différemment ce qui est du même. Et maintenant, voyez cela, hop ! elle a disparu.

Deuxième partie

Maintenance

Ma lectrice, nous allons nous enfoncer un peu plus afin de comprendre les dynamiques de la grande machine. Jusqu'ici, nous avons vu naître un doute en nous-mêmes, puisqu'il nous a semblé que l'implicite des mots cachait une grande machine(ation ?) qui est loi, qu'elle s'est introduite partout : dans nos esprits, nos systèmes et relations sociales. Il y a une illusion, un illusionniste, des illusionnés, et nous tâchons de ne pas compter au rang de ces derniers. Ne pouvais-je me contenter de vous le dire tout de suite ? Point du tout, puisque le but de notre voyage, c'est le chemin parcouru ensemble sur la fine crête, l'expérience commune d'un itinéraire cabossé.

Voyons maintenant comment cela change et où cela nous mène.

De la Méthode

La machine apprend notre travail, prend en charge nos besoins, envahit notre esprit. Ceci trace les contours de sa totalité, et c'est parce qu'elle est Loi. Mais la loi est fuyante et se fait Méthode, et c'est cela qui obtient synchronisation et déploiement de toutes les règles. La vraie technique du magicien, c'est sa Méthode.

J'ai eu une conversation avec un chercheur féru de méthode, je crois qu'elle pourrait vous intéresser. Imaginez deux hommes ventripotents, engoncés dans leurs chemises fatiguées, deux survivants d'une journée de réunion assise consacrée à la machine. Le décor donne un peu de lustre à l'entretien : le grand hall d'un hôtel assez chic à Athènes. Notre vertu conjugale excluant l'attente d'aucune aventure, il nous fallait bien meubler un peu. Heureusement je pérore volontiers, et mon interlocuteur était bonne pâte.

« — Je crois que toute recherche scientifique consiste à trouver comment fabriquer un nouveau logiciel, lançai-je un peu au hasard.

— C'est probablement le cas, répondit mon comparse après un long silence.

— (Poussant mon avantage) Non seulement cela, mais encore : le meilleur scientifique est lui-même un logiciel.

— Il est temps d'aller dîner. »

Or la Méthode est à peu près la méthode scientifique, qui permet de connaître bien des choses, mais pas toutes : la méthode n'aide pas à savoir comment se faire un vrai ami, installer un moulin sur une rivière, une chaudière dans sa cave ou survivre à la guerre. La méthode est surtout utile lorsqu'on est un ange ou un agent numérique, c'est-à-dire si l'on peut recommencer une opération à l'infini. La méthode nous trouve biaisés, elle veut étouffer notre subjectivité, ce qui serait tout à fait à propos si nous étions des robots. Je n'ai pas l'intention de faire la publicité de la méthode scientifique, à vrai dire, j'escompte plutôt lui taper dessus. Il nous faut regarder en face ses inconvénients, les inconvénients de faire de la très bonne science. Nous avons le droit de parler des inconvénients de faire de la très bonne science : ce n'est qu'en matière publicitaire, que tout est censé ne comporter que des avantages. Dans tout autre domaine, il y a une contrepartie, que l'on peut définir ainsi : tous les problèmes induits par l'idée de génie, et dont personne ne s'occupera. Ainsi, je regarde dans les yeux le duc, scientifique arrogant[20] et je lui dis : « ta méthode est mauvaise ou je me trompe. »

Pourquoi ? Parce que la méthode ordonne qu'on avance sûrement, logiquement, une découverte après l'autre. Mais avancer vers quoi, il ne faut pas trop le demander. Je vais vous dire, lectrice, un *scoupe* : les scientifiques ne savent pas du tout si c'est une bonne idée d'avancer, mais cela ne les empêche pas d'obéir à la méthode qui leur commande un pas de plus. De la sorte, le meilleur scientifique, parfaitement logique et incapable de commettre la moindre erreur, est un robot qui entraîne derrière lui, au bruit de son pipeau, tout le cortège vers l'abîme. Ah, les scientifiques ! Les voyez-vous bien, nos premiers de la classe, chouchous de la Machine ? Avez-vous saisi leur vilain secret : ils ne sont pas du tout les plus intelligents ! Seulement très forts aux échecs et parfaitement naïfs. Ils peuvent même s'avérer tout à fait médiocres, mais attention, ils ont la maladie mathématique, alors pas touche aux petits préférés de Madame Machine. Voici des symptômes de la maladie mathématique : se trouver à l'aise avec les signes cabalistiques ; peu s'inquiéter de la signification ; adorer tourner deux-cent-soixante-quinze fois un cube en plastique pour en bien aligner les couleurs. Si vous avez au moins deux de ces trois compétences, précipitez-vous dans n'importe quelle entreprise : on vous croira géniale.

Vous pourrez peut-être m'expliquer pourquoi j'ai du mal à me faire des amis. Cependant « j'ai de très bons amis mathématiciens », selon l'expression consacrée, gentils et dotés de certaines belles qualités qui peuvent, même rassemblées chez le matheux, neutraliser son potentiel de nuisance sociale, voire le rendre tout à fait sympathique. J'espère que cette motion de censure vous ira. Mais c'est tout un chacun qu'il faut blâmer : le psychanalyste, le cuisinier, le facteur, le pompier, utilisent tous une méthode, et toute méthode est la Méthode de même que toute machine est la Machine, toute loi la Loi. Un seul et même Pognon, nous arrivons d'ailleurs au moment le plus lucratif de ce livre.

L'or et l'argent

Ce chapitre parle d'argent. Soyons concrets, et voyons, chère amie lectrice dubitative, si nous pouvons au moins trouver le moyen de vous en faire amasser quelque peu au cours de notre petit commerce. Je le devine : vous ne vous laissez guère prendre à ma pitoyable rhétorique, sachant bien que si j'avais compris la combine au Grand casino, je ne serais pas occupé à vous entretenir. Le formateur en réussite veut toujours vous vendre la méthode pour réussir, et c'est exactement ce qu'il va vous engager à faire à votre tour. Ainsi la connaissance inédite que je m'apprête à vous offrir (déduction faite du prix de ce texte) ne vous assurera aucune forme de réussite financière.

Voici. Pourquoi les riches ne révèlent-ils jamais aux autres leur « truc » ? Auraient-ils peur que nous partions avec le magot ? Non, le truc, c'est qu'il n'y a aucun truc. Le milliardaire gagne ainsi dans un système qu'il ne comprend pas, parce que la machine a besoin de son persona, de même qu'elle a besoin du premier de la classe. Le milliardaire est simplement là, cela pourrait bien être vous ou moi, sauf lorsqu'il se trouve être un milliardaire footballeur, dans ce cas, nous voyons bien quelles qualités il a su déployer. Voici maintenant deux choses que le milliardaire ignore.[21] Première chose : la masse monétaire n'est plus en regard d'une contrepartie physique comme l'or. Ainsi Picsou n'a besoin que d'être reconnu titulaire d'actions Apple, et son tas d'or pourra valoir toujours plus. C'est parce que ces « actions » (quel que soit, en fait l'étiquette que vous voulez coller sur ce paquet), c'est de la règle et de la méthode, je pense qu'il n'est plus besoin d'y revenir. Seconde chose : ce n'est pas l'État, mais la machine qui décide de la quantité d'argent en circulation. Tout emprunteur immobilier a vu de ses yeux, la création monétaire : le « dernier clic » du banquier a fait exister cet argent-en-plus, le prêt remboursable venant augmenter la masse monétaire. De la sorte, l'argent, ce sont quelques billets et métaux précieux, mais surtout des suites de 1 et de 0 dans des bases de données qui font foi. Ce que croit savoir le milliardaire relève d'un baratin savant et chiffré, d'un cafouillage spéculatif généralisé, et surtout d'une immense mécanique en cours d'automatisation.

Poursuivons ce brillant devoir de science éco. Je crois que nous venons de résoudre les problèmes de la création monétaire et de l'inflation.[22] Vous conviendrez que nous sommes assez efficaces, et nous pouvons prévoir la suite. Aucune stratégie d'équilibrage des prix ne réussira, sauf par hasard, parce qu'il y a mille fois trop de lois (contrats, traités, algorithmes et consorts) qui empêchent d'y comprendre ou d'anticiper quoi que ce soit. Ainsi l'économiste est-il un beau parleur, un demi-habile ou un menteur. Il aurait dû faire juriste, informaticien, ou sorcier. Le sorcier en effet, est peut-être au moins conscient, branché, ou quoi que ce soit, sur quelque chose qui opère réellement en lien avec la pluie. A tout le moins peut-il raisonnablement compter sur un changement de météo. Le chef économiste à l'OCDE, lui, n'a pas lu un mot de l'immense suite contractuelle qui préside aux transformations qu'il prétend anticiper. Or ces mots ne sont point logiques ni probables, que pourrait-il alors y comprendre ? Écrivons encore sur notre petite fiche : « la machine à gros sous fonctionne selon les principes d'une méthode qui ne réclame rien d'autre qu'une instruction quelconque. » À partir de cela, tout s'épanouit à l'aune de notre crédule docilité.[23]

Tout cela bien entendu reste entre nous, et je vous déconseille fortement d'en parler lors d'un entretien d'embauche à la City. L'encravaté a besoin de croire qu'il comprend au moins un peu un immense système trop compliqué, mais j'en ai rencontré un défroqué qui avait fini par en avoir assez qu'on le prît pour un idiot. La machine enfle ainsi, dévorant tout le vivant, et je ne suis pas certain que ce soit en vue d'éclater comme dans la fable du bœuf et du crapaud.

L'enflement du Grand
batracien électronique

Nous nous amusons bien, je crois, ma lectrice. Décortiquons un peu la bête, pour voir ce qui la fait gonfler inéluctablement. La différence apparaîtra avec une machine technique qui une fois construite, peut se contenter de fonctionner gentiment. La machine universelle, elle, ne demeure pas égale à soi-même, mais provoque incessamment ses propres répliques. Scrutant un bubon du batracien, nous croyons sa maladie stabilisée, mais reculez un peu jusqu'à moi : voyez-vous son gonflement putride, l'immensité de sa chair gluante ? La société est liquide, comme on a dit, mais c'est un liquide visqueux. La grenouille numérique s'augmente et se désorganise en croissant. Sa membrane louche est tel un océan saisi de houles, dont les îles sont des bubons prêts à crever, au-dessus des tourbillons qui peuvent nous entraîner, aspirant toute signification dans ses fibres au fond des océans, digérant nos mots par une assimilation logique impitoyable.[24]

Quel est l'objectif d'une société d'autoroute ? Transformer la France en une immense autoroute. D'une entreprise de restauration rapide ? Nous gaver d'un maximum de *beurgueurs*. D'une compagnie de vidéo à la demande ? *etc*. Cela n'aboutit pas, parce que nous sommes trop limités, trop fatigables.

Alors on appelle à la rescousse les stratèges et *starteupeurs* du numérique (qui veulent inventer tout logiciel, procéduraliser tout le vivant) et tandis que la bouche du Batracien profère les prédictions, sa matrice prépare la ponte de ses réalisations. Il faut que s'agitent les faiseurs : entrepreneurs, fonctionnaires, consultants viennent hâter la mise en place de tout programme, sans jamais douter. Venez-vous, ma lectrice, de mettre en place quoi que ce soit de nouveau ? Si vous m'en croyez, échappez-vous au plus vite : votre œuvre bureaucratique ne tardera pas à se dérégler, et lorsqu'on s'en apercevra, on aura besoin du corps et du cerveau d'une nouvelle victime pour bricoler le rouage manquant.

Mais nous sommes duaux, nous les acteurs du grand système puisque nous recevons toujours, aux interfaces perceptibles, de nouvelles propositions utiles. Utiles à quoi ? Peu importe en fait. L'utilisateur final est un joueur happé par le Jeu total, ouvert à un plus grand champ des possibles, prêt à la Grande dévoration. À l'heure où j'écris, la vie avec *Tchategépaité* est une nouvelle version du jeu commun, dont nous sommes les utilisateurs (vous avez bien noté : pas les utilisateurs de *Tchategépaité*, mais utilisateurs de la vie incluant ce programme). Croyez-vous que tout s'arrête lorsque nous arrachons nos yeux à l'écran ?[25] Si j'écris : « nous SOMMES les utilisateurs finaux », c'est pour dire que lorsque nous dormons, la grande machine consent seulement à nous mettre en pause, nous ses petites machines cognitives fongibles à traitement alternatif.

Encore une chose, s'il vous plaît. Je veux vous apprendre à voir son prochain mouvement. Un déplacement existe en informatique, nommé *offe-chorinegue* : les services informatiques sont externalisés vers des pays lointains. Lointains de quoi ? Demandez lointains de qui ! Lointains de ceux qui peuvent s'adonner aux délices de la machine, et seront les premiers cyborgs. Or pourquoi voudrait-elle éloigner ses opérations de ses clients ? Réfléchissez : si celui dont le principal problème est de choisir l'épisode de la série du soir, a le cerveau déjà bien démoli (en partie dévoré de l'intérieur par le programme), il pourrait encore croiser son voisin de palier, ce dernier exerçant le beau métier d'administrateur système. Ce serait le risque d'une rencontre telle que la nôtre, et d'une prise de conscience. C'est pourquoi les travailleurs du clic ou du clavier sont toujours repoussés aux confins du système. Là-bas, ils sont cuisinés avec retard selon la même recette que leurs prédécesseurs : on leur propose des défis de programmation à relever, et cependant, leur esprit se rapproche du $1/0$, état final de la transmutation.

Le Grand batracien progresse ainsi, par éruption progressive d'enflures organisationnelles. La grenouille numérique est toujours plus flasque à

l'intérieur et rongée de moults cancers prescriptifs…
mais sa peau lisse est toujours plus flatteuse,
apparemment signifiante, pour les parasites du sens
que nous sommes, et continument elle nous digère.

Urgence d'innover pour
un progrès toujours plus rapide

Toute innovation, ma lectrice, bénéficie du « meilleur » argument : le standard de scientificité, qui fait peser sur celui qui doute, la charge impossible de la preuve du contraire. Ou plutôt : qui empêche qu'on en dispute raisonnablement. Celui qui doute, en effet, doute sur le fond. Or il ne trouve, sur le fond, aucun interlocuteur, puisque la transformation est de pure forme, fondée sur force d'arguments statistiques invérifiables.[26] C'est ainsi que l'innovateur mobilise toujours la mauvaise foi. M'autorisez-vous à tâcher de vous montrer qu'aucune innovation n'est en principe souhaitable ? En ce qui me concerne, ça ne fera plus une grande différence (je me suis déjà grillé en contestant la très bonne science, la psychanalyse et l'économie politique). Mais vous, chère amie lectrice, quelle liberté ! Vous pouvez hausser les épaules tout à loisir, vous gausser et m'accabler de reproches. Attention toutefois : je détiens en otage quelque chose qui vous appartient.

Puisque je suis de bonne foi, je vais prendre un exemple d'innovation, disons, je ne sais pas, disons la proposition de construire un bateau à coque trouée. C'est le cas-limite, la seule innovation pas vraiment convaincante, quand l'absurdité est trop manifeste. Pourtant lorsqu'elle est dissimulée tout au fond d'une soupe de détails, vous pouvez toujours courir pour obtenir un moratoire, vous en mangerez vite fait. Le sac des bonnes idées est sans fond, duquel on peut tirer, comme d'infinis lapins d'un chapeau, autant d'innovation qu'on voudra. Les *starteupeurs* ne s'ennuieront jamais, et les *biznesse andjeules* pourront toujours spéculer un peu plus loin, puisqu'au pays des prochains mots probables, toute combinaison est admise, à condition qu'on trouve suffisamment de gogos pour y croire, ou de cyniques faisant mine. La Machine écrit maintenant toute seule, et très vite (à la vitesse de la lumière, littéralement) et les rayonnages de la grande bibliothèque sont devenus les tiroirs de *data cenneteurs* toujours plus puissants, offrant mémoire inépuisable, et effectuation électronique instantanée. Car la société automatique se met en place, et l'investisseur ne dort plus depuis qu'il est un bote.

Il vous faut cependant bien considérer l'envers des mots. Ces innovations existent concrètement, dans un ordinateur : ce sont des couches de code qui s'empilent, et avec elles des erreurs cachées que l'on ne pourra jamais corriger. Le tout continue de fonctionner en apparence, puisqu'il est sans cesse réparé dans les profondeurs. L'innovation s'accumule ainsi, c'est bien à l'intérieur de la machine, et tout lui convient puisqu'elle est aussi bien « droit de l'Union », « mon *cautche* régime », « correcteur orthographique », « séries à la demande »,

« numéro vert » que « notre projet pour une France plus juste ». Direction l'interopérabilité totale, que tout mène à quoi que ce soit, l'autoroute généralisée de l'information.

Les choses ne vont pas si mal, cependant, puisque vous êtes toujours là.

Le destin du monde-machine

Ne nous laissons pas abattre. Si nous persistons à obéir comme des robots, la perspective certaine est celle d'une société de surveillance totale. J'écris « surveillance totale », mais vous comprenez bien que je ne m'inquiète guère de la perte de nos libertés personnelles, c'est trop tard pour cela, liberté — vous me devancez maintenant — est bien sûr un mot creux.[27]

Soyons sérieux : le vrai problème de la surveillance n'est pas tant que l'on regarde ce que nous faisons, et s'en souvienne à tout jamais, mais que l'on veuille savoir ce que nous en pensons ! Le Grand frère entend que nous n'ayons pas trop d'idées folles, que notre vocabulaire point trop ne s'étoffe, que nous n'écoutions aucune autre parole que la sienne. Et voici : nous sommes les personnages d'une pièce qu'il met en scène ; le théâtre est certes d'improvisation, puisque nous élaborons les répliques en direct (quoique) ; mais que le décor soit déjà planté, et le destin de nos personnages déjà écrit, ne devrait-il pas nous déranger ? Nous sommes largement téléguidés, voilà la société de surveillance. Or je n'aime pas trop qu'on essaye de me programmer, et je suppose que vous êtes de même.

Puisque « surveillance totale » signifie que nous n'influons plus vraiment sur le cours des choses, nous pouvons écrire le destin du monde-machine hors accident. Et je ne vais pas vous faire le coup de la voiture qui s'arrête : aucun arrangement progressif n'est à espérer, et voici pourquoi. Dans la vie, nous recevons parfois un sérieux coup de pouce, donné par nos amies, les « lois de la nature ». Ces dernières nous permettent toujours d'espérer un retour à la normale, parce qu'elles aiment bien l'équilibre et l'harmonie. Ainsi, un volcan cesse de fulminer, ou un virus très contagieux et mortel mute pour ne pas tuer tous ses hôtes.

Mais dans un ordinateur, rien de tel : tout n'est que normes et contrats écrits en tout petit dans le silicium. Aucun principe actif régulateur ne viendra changer cela. Ne peut-on au moins prétendre à la maîtrise des ordinateurs ? m'objectez-vous. Très bonne idée, mais à moins que « on » soit un petit génie très gentil et très puissant, cela n'arrivera jamais suffisamment. Tout ce qu'il y a qui soit vivant et éventuellement raisonnable ou fatigable dans le Grand dispositif, ce sont des gens, et ils ne réagiront pas spontanément, parce qu'ils ne peuvent pas comprendre cette avalanche de petits calculs impitoyables. J'ai l'honneur de fréquenter des juristes parmi les plus ennuyeux et les moins fantaisistes ; même eux n'apprécient pas tant que cela, la lecture interminable d'un règlement européen.

C'est ainsi que la société-machine que nous avons bâtie se referme progressivement sur nous. Ce n'est pas une menace pour demain, mais l'agression quotidienne. Elle nous abîme discrètement, elle ronge jusqu'à nos mots, et le Système d'exploitation ne viendra pas arranger les choses pour nous, parce que ce serait contraire au but secret dans lequel nous l'avons mis en place : qu'il nous domine tous.

Faire la guerre

Il y a, ma chère lectrice, deux mauvaises nouvelles, et une bonne. La première mauvaise, c'est que j'ai oublié la bonne.

Notre installation dans la machine pourrait comporter quelques avantages. La place est confortable, assurément, puisqu'elle nous a été préparée par des générations de philosophes sous emprise. Que cherchaient-ils donc, tous ces graphomanes, au cours de leurs longs textes difficiles ? « Il fallait bien qu'ils s'occupassent » répondez-vous, et je ne suis guère en position de vous contredire. Mais qu'en est-il résulté, de toute cette sagesse accumulée, de cette habile jonglerie conceptuelle ? Je crois que l'on reçut les messages de la Grande muette à travers la plume défaillante des écrivaillons. Chacune de leurs erreurs, chacune de leurs facilités et de leurs obscurités faisait, en quelque sorte, partie du plan adverse.

Songeant à un affrontement guerrier, nous voyons apparaître nos ennemis préférés, nos semblables les plus haïssables. Leur place empiète sur la nôtre assurément, et ils seraient d'ailleurs en fait bien ravis de nous en bouter. Aveugles à l'émergence de la machine, nous imagions devoir nous battre contre quelqu'un. Ces trois choses sont en lien, croyez-moi : que nous ayons l'État protecteur ; que nous ayons le bouc émissaire ; que nous ayons la machine invisible. Dans le rêve commun, elle est censée nous protéger les uns des autres, mais nous conquiert cependant, alors que nous nous battons entre nous de mille façons.

Regardons bien par transparence, à travers le voile bureaucratique : trop occupé à remplir ma déclaration d'impôts, je ne pense guère à partir en razzia. Mais le général belliqueux a toujours un très bon plan, et nous devons comprendre que les « systèmes d'armes » sont tous connectés à la *ouare roume* de l'état major, synchronisés par les rouages étatiques avec une machine électorale incapable de promouvoir les bons chefs, en passant par les réseaux sociaux et tous les moments de la cyber-guerre. Si j'ai bien suivi l'actualité, vous n'êtes pas encore, ma lectrice, « mon général ». Pensez-vous toutefois que l'armée cyborg puisse au complet virtualiser la guerre, comme la faire glisser dans un jeu vidéo ? Pourquoi pas : son but n'est pas tant de nous exterminer, que d'occuper notre esprit pendant qu'elle se déploie. Toute guerre eut ses grands récits et ses distractions ; aucune ne visait à stopper l'extension du Grand programme.

Mais la guerre réelle est nécessaire lorsqu'on est assoiffé de vengeance, ou d'eau véritable.[28] Il est vrai : serions-nous tous déjà morts de soif, continueraient nos *botes* à se battre entre eux, jusqu'à ce que soit consommée la dernière calorie qui les alimente. Ainsi la guerre virtuelle se surajoute à la guerre réelle, elle l'anime et la met en scène, tout en constituant un front supplémentaire, jusqu'un jour peut-être à la remplacer, lorsque nous serons tous les personnages d'un jeu vidéo. Pas les joueurs, avez-vous bien noté, les personnages. En attendant, le pauvre bougre grelote encore au fond de la tranchée et j'espère que mourir de froid c'est comme tomber endormi.

Mais assez de récits de malheur ! Tournons un peu la tête, et voyons s'il n'y aurait pas de meilleures manières de nous occuper.

S'occuper à tout autre chose

Qui ne travaille pas, ne serait-ce qu'un peu, sur un ordinateur ? Quelques professionnels y échappent : les agents d'entretien, mais ne doivent-ils pas déjà rendre compte en temps réel de leur tournée ? Les sportifs, mais n'utilisent-ils pas les objets connectés pour une meilleure performance ? Les graphistes, mais ne s'entichent-ils pas des facilités de création numérique ? Les paysans, ces agriculteurs qui ont refusé toute automatisation. Les musiciens lorsqu'ils s'échinent à faire chanter un truc en bois ou en cuivre. Les couvreurs et peintre du bâtiment. Les croque-morts et leurs fleuristes. Les jongleurs de rue, les cracheurs de feu, tout professionnel du cirque hormis la caissière. Les vendeurs de crêpes, les empailleurs, les taxidermistes, je ne sais pas, moi, les bûcherons. Les écrivains ? Vous plaisantez j'espère.

Or le travail vivant est progressivement dissous dans le tambour de la Grande lessiveuse. Là où l'informatique est déjà présente, le travail a tendance à se transformer en programmes. Les programmes ont envahi le monde du loisir et du divertissement. Pour ainsi dire, nos catégories « travail » et « loisir » sont trompeuses, puisque ce qu'il y a à la fin, c'est du logiciel — ou de simples procédures —.

Nous continuons, par habitude, à nommer ainsi ce que nos anciens trouvaient être du travail ou du divertissement, mais il s'agit de tout autre chose.

Comment s'occuper si l'on n'aime pas travailler pour la machine ? Mais s'occuper, n'est-ce pas déjà travailler ? Ou alors : ne devrions-nous pas apprendre à bien distinguer ce qui ne sert à rien (qui soit à la fin programmable) et tout le reste ? Ainsi, tapoter la pièce d'un puzzle, grattouiller dans un jardin, caresser une guitare, lire un bon bouquin, éplucher des cardons, tout cela nous paraît bien inoffensif. Mais pour le reste, l'ordinateur n'est jamais loin, il devient assez difficile d'y échapper, et il ne saurait tarder à nous proposer des substituts électroniques[29] car deux choses sont connectées entre elles : notre cerveau et nos institutions, et je ne vous refais pas la leçon. Il m'arrive parfois de perdre chez moi un objet ; quelle frustration de ne pas pouvoir faire un *ctrl+F* ! J'ai oublié le nom de cet arbre ; quel soulagement de pouvoir le connaître en cliquant ! Je dois écrire une lettre de motivation. *etc.* J'ai besoin le plus souvent de confier quelque tâche à la grande machine.

Que nous reste-t-il en propre ? Ce qui est sale, ce qui pue ; le pourri le moisi l'excrété ; le déféqué ; le grouillant ; l'éructé et l'érigé ; l'éjaculé ; l'organique ; le trébuché, l'hésité ;

le régalé ; l'imaginé le souhaité le désiré le prié.
Le rêvé. Il y a du vivant aux interstices, de manière
irrésistiblement incalculable. La Mécanique infernale
veut-elle le détruire ? Je ne crois même pas qu'elle
puisse connaître son existence puisqu'elle n'est,
après tout, que procédures. Mais en normant ce qu'elle
peut, par contamination, un logiciel après l'autre,
elle introduit ses artifices au milieu du vivant,
rompant les liens et les attaches, les résonances
et les échos.

J'écris « elle » ou « ça », mais c'est aussi
bien « vous » ou « moi ». Lorsque j'accordai un peu
moins d'attention aux paroles de mon aimée, qu'au clique
que j'opérais sans la regarder, ne laissais-je pas
alors s'immiscer entre nous, l'esprit de la machine ?

L'esprit bloqué

Il est difficile à certains de comprendre ou de s'intéresser à ce qui s'étend derrière l'écran. Après tout, chacun s'occupe comme il l'entend, n'est-ce pas ? Si deux poilus dans la tranchée veulent jouer aux cartes au lieu de monter la garde, qui serais-je pour leur reprocher ? Et bien je serais celui qui n'est pas venu exprès non plus mais qui trouve que ce n'est pas une bonne idée de faire semblant, parce qu'alors la défense est fragilisée et nous risquons tous d'y passer du fait de leur inconséquence. Bien différent, de prendre son tour de repos ou de s'écrouler de fatigue. Je n'ai déplacé le contexte, que pour éviter d'écrire les noms de mes « amis » avocats qui désertent lâchement puisque la piscine, n'est-ce-pas, procure une telle extase.

Je compte alors, en quelque sorte, vous entraîner dans l'arrière-cuisine pour constater comment est fabriqué ce qui parvient à notre assiette. Après cela, il n'y aura plus grand-chose à visiter, que le ballet des camionnettes de livraison qui assurent le Service continu. Voyez : nous mangeons en fait les murs du restaurant, tout ceci advient dans notre pensée, mais nous n'y songeons guère à cause d'un blocage de l'esprit. Prêtez bien attention, voici un petit exercice. Imaginez d'abord une casserole. Bien. Essayez maintenant avec une

« règle de droit ». Je suppose que vous êtes comme moi :
la pensée refuse d'accrocher ou de produire aucune
image.

Nous ne voyons pas les règles, c'est entendu.
Or nous sommes d'autant plus aveugles, que le système
prescriptif est dense. Mon seuil de tolérance est
assez bas : donnez-moi plus de deux ou trois instructions,
je perds la boule.[30] Quel est le meilleur serviteur
de la loi, du moine cistercien ou du consultant en
management ? Et toutes ces injonctions subtiles,
presque tues, qui émergent à la raison sans que
personne ne vienne jamais les formuler ; et toutes
ces invitations à un anniversaire, à une fête,
toute cette publicité, jusqu'à ce rond-point qui me
micro-gouverne, qu'en faire ? C'est là, l'aveuglement
qu'il faut soigner : nous ne voyons pas le contrôle
qui se déploie, parce que notre esprit se défend
contre ces vertiges. La machine les établit alors en
murs porteurs d'un édifice-chose commune, immense
bazar de normes fragile et changeant, absolument
pas sous contrôle. Par l'illusion de la machine,
nous sommes spectateurs d'un simulacre de résultats
fascinants, et le dispositif sous-jacent est tellement
assommant ! Nous nous laissons distraire, nous
souffrons d'un trouble structurel de l'attention (TSdA)
non pas au sens d'un handicap que nous portons, mais
de notre sensibilité relative à un certain signal de
brouillage envoyé par la machine.

Les idées du cancer, de la disparition des espèces ou de la crétinisation tendancielle peuvent nous inquiéter, quoique nous ne puissions voir croître ces dangers. Les choses en vont différemment s'agissant de la prolifération du code : non seulement nous y sommes aveugles, mais en outre elle nous laisse de marbre. Comment nommer cette disposition de l'esprit ? Ne s'agit-il pas d'une forme de ces pathologies mentales collectives qui se développent dans les environnements hostiles ? Faut-il l'appeler apophénie ? Syndrome d'évitement ? Blessure narcissique ? Psychose paranoïaque ? En voici les symptômes : aveuglement, stupidité et lâcheté, touchant d'abord des plus brillants, les premiers de la classe.

Mais nous en avons déjà parlé. Intéressons-nous un peu au blocage spirituel, même si je ne goûte guère ces distinctions disciplinaires. Il vaudrait mieux pouvoir tout dire d'un trait, dans un vocabulaire commun.

L'âme fermée

Le problème du discours spirituel, c'est qu'il
exhale toujours son encens éventé. Je vois bien que
je pourrais vous crisper. D'un autre côté, pourquoi
serait-ce toujours le cancre — celui qui ne connaît
pas son histoire du droit au premier millénaire —
qui devrait décider du sujet de l'interrogation ?
La neutralisation de la foi dans le fait religieux
n'est-elle pas encore un piège de la machine, qui
disqualifie tout ce qu'elle ne pourra pas calculer ?
Question rhétorique, puisque j'ai résolu de vous
emmener faire un tour sur le manège spirituel, et
je vous propose de grimper dès lors sur cet ânon.
Tenez, soyons prudents : ceignez-vous de laïcité,
cela qui bloque le numéro à trois minutes et empêche
de donner trop son avis.

Êtes-vous déjà allée à la messe ? C'est
fort ennuyeux. Très instructif. Il y a deux temps :
celui de la parole[31] et l'autre, qui ne nous intéresse
pas ici. Ainsi lors du premier temps on lit du
Saint Paul. Or donc, il y avait à ce moment et en
cet endroit, deux lois concurrentes : la romaine
(héritée de la philosophie grecque) et la juive
(une collection d'interdits très précis). Et voici
ce que le juif Saint Paul enseignait : Dieu ne demande
pas qu'on lui obéisse, mais qu'on l'aime.

C'est tout, et vous voyez que ce n'était pas si terrible, mais pourquoi vous infliger un tel supplice ? C'est que cela nous mène, il me semble, tout droit à *Tchategépaité*, qui joue dans l'équipe du littéraliste religieux : celle qui applique à la lettre les instructions reçues. Le dieu de l'IA est en effet le programmeur, et le dieu du jihadiste, je ne sais pas trop. Dans l'autre équipe : ceux qui, avant d'exécuter la règle, voudraient se faire un avis sur celui qui l'énonce. Voici deux principes de bon aloi : 1- Lorsqu'on ne sait pas ce que provoque l'obéissance, on réfléchit au moins à l'intention de celui qui donne les ordres. 2- L'indifférence aux rapports de l'Esprit, c'est l'autre visage de la croyance aveugle en la Machine. Contemplez cet ordinateur, et dites-moi s'il vous plaît, si ces leçons ont été prises en compte. L'ordinateur, c'est le condensé caricatural de notre capitulation spirituelle devant l'idée d'un dieu tout-puissant. Ceux qui ont capitulé veulent obéir sans comprendre, même si cela fait d'eux des robots, et *Tchategépaité* leur montre l'exemple : exécuter chaque micro-instruction jusqu'à devenir soi-même une instruction.

Tenez, voici une autre notion religieuse très intéressante, celle de péché, autrement dit, la faute. La faute est la « mauvaise » action. C'est très bien, mais comment définir ce qui est mauvais ? Deux options s'offrent ici. Celle de Saint *Tchategépaité* (est mauvais ce qui n'exécute pas la règle, parce que le système risque de se bloquer) et celle d'un autre saint, dont le nom n'a pas ici grande importance (fait de rater l'action la plus bénéfique, comme on rate une cible). Par suite : la somme de tous les petits échecs à déclencher de bonnes petites choses donne de grandes mauvaises choses. Par exemple : la somme de toutes nos gloutonneries et de toutes nos paresses donne le McDonalds.

Un dernier sermon et je vous laisse tranquille. Qu'en est-il de l'« âme » ? Désignons par ce mot l'intériorité humaine qui échappe à la machine, qui donc peut s'élever ou s'abaisser librement. Il me semble qu'à ce stade, ce n'est pas bien méchant. Et bien figurez-vous que le travail de l'âme s'arrête aux frontières du Mordor — disons au moment de remplir un formulaire administratif — de sorte que l'on a pu dire que « la modernité est une conspiration contre toute forme de vie intérieure. »

Troisième partie

Réparation

Ma chère lectrice, notre rencontre aura été brève puisque nous nous quitterons ainsi, à la fin du troisième acte. Que diriez-vous de passer au tutoiement ? Il est plus que temps : nous aurions regretté je crois, de ne pas atteindre ce stade entre nous.

Je suis si heureux, lectrice, de t'avoir nommée d'emblée « chère amie ».

C'était cavalier, mais quel autre mot aurait pu convenir pour favoriser notre rencontre en ce tiers-lieu de la Machine, assurément bientôt encodé comme tout le reste, mais au moins inaccessible aux Purs acteurs et à tous les imbéciles ? Nous ne pouvions nous rejoindre que par un bon chemin : mes studieuses insomnies, ta pratique de la lecture papier, un généreux bouche à oreille. Je t'attendais à un croisement où tu devais forcément passer. En cet instant, tous les autres m'indiffèrent.[32]

Mais il te reste un peu de méfiance : n'ai-je pas trop anarchisé, ou jeté quelque bébé fragile avec l'eau du bain prescriptif ? Et puis où essayé-je de t'entraîner ? Quel lien ai-je voulu tisser entre nous ? Rien qui puisse te capturer : je n'étais pour toi qu'un temporaire compagnon de marche, et tu m'as déjà quasiment laissé derrière.

L'empire du Grand Ordonnateur

Nous vivons ainsi sous l'empire du Grand Ordonnateur. Cela nous change, c'est certain, et nous y sommes parfois à l'aise. Aurions-nous perdu de notre humanité ? C'est bien possible, mais il faudrait pour nous en faire une idée, nous mettre à philosopher, et tu sais ma réticence. Une chose est sûre : nombreux sont-ils, les indifférents et les satisfaits.

Veux-tu remonter aux sources de la colère ? Contempler la machine et ce qu'elle fait, c'est comprendre comment ceux qui en profitent ont été amenés à ces positions. Nous savons désormais leur vilain secret : leurs grotesques incantations résonnent dans le vide du virtuel ; ils ne s'occupent de rien qui soit vrai, laissant place au libre jeu des rouages d'obéissance. Leur docilité est toujours la condition lointaine d'une injustice, ce dont nous pouvons nous assurer en tirant le fil électronique.

Cependant, l'IA boit notre eau, et je ne parle pas de notre eau usée, ou de notre eau de mer : ses serveurs ont besoin de notre eau potable à diverses étapes de leur fabrication. Crois-tu qu' « elle » se calmera lorsque nous commencerons à en manquer ? Non, et je te redis pourquoi : parce qu'elle est cette chose qui naît de notre consentement à l'injustice.

Et les dormeurs, nous pouvons les plaindre, mais pas nous conformer à leurs songes artificiels.[33] Ainsi, celui qui se presse d'obéir sans comprendre, donne une instruction stupide, clique dès qu'il en a envie (nous sommes donc nombreux) celui-là sait qu'il participe au mal qui se répand. L'Occupation n'a pas cessé, elle a seulement changé de visage, virtualisé ses procédures et prolongé le délai de « traitement » : les « collabos » et les « résistants » ont toujours été intermittents.   Un écrivain français a écrit un fameux livre sur les robots, dans lequel il traite copieusement son lecteur d'imbécile. « Imbécile ! Es-tu si bête que tu ne peux concevoir etc. » Il avait trouvé ce moyen puissamment masochiste, pour puiser en lui la rage de créer. De la sorte il s'insultait aussi lui-même, et c'est le seul subterfuge que j'ai trouvé pour t'entraîner sur ce terrain : nous avons tous besoin d'une bonne douche froide morale, nous voulons greloter de culpabilité, parce qu'est un imbécile celui que ne révulsent ni le mensonge, ni la bêtise, ni la lâcheté. Est un imbécile celui qui ne veut pas se révolter.

Vois, j'ai confiance, je n'ai plus de crainte.

Heureux les imbéciles, ils auront l'Ordinateur ! Merci les gros imbéciles ! Saccagez-tout, laissez faire, bouchez-vous bien les oreilles et les yeux ! Sapez par votre systématique servitude, ce qui est encore fragile et beau ! Servez votre Maître, et

90

consolez-vous par les molécules sucrées, puisque c'est là le vestige de votre puissance ! Cliquez une fois de plus, alimentez la grande machine ! Regardez bien votre compte en banque : sans doute, il grimpera jusqu'au ciel, sans doute, puisqu'il n'y a pas de limite ! Quel admirable « chef de projet », quel beau « vice-président », celui qui se demande quelle case il va cocher ! Je vous défie, je vous saisis, c'est moi-même que j'empoigne ! Répondez-moi : par le jeu du langage, je vous forcerai à répondre de ce que vous faîtes. Et toi, le gros imbécile en chef, tu as grimpé tout là-haut, avec ta cravate : tu te crois bien admirable au milieu de tes courtisans Purs acteurs ! Vas-y, prends ton stylo, gros imbécile, et signe encore une fois, fais sentir ton pouvoir : sans doute, le réel s'arrangera pour complaire à tes velléités et à tes renoncements ! Délecte-toi de ton indifférence, enivre-toi de ton illusion, mais sens bien la menace. Tu t'affaiblis, te voilà déjà moins protégé et bientôt on te prendra à la gorge : tu verras que la force à quoi tu renonces, n'est pas perdue pour tous !

Debout les morts !

Grimpe ici avec moi, et lançons notre appel.
Debout les morts ! Arrachons le rideau de ce détestable
théâtre, et fixons droit l'obscurité, voir celui qui
surgit des coulisses. Le voilà, le sombre maître,
le général qui envoya nos pères, pauvres poilus
statistiques, sous le déluge des bombes et l'excrément
des rats ; le souteneur qui toujours factura nos
mères au prix qui seulement les nourrit. Vengeance !
Son ombre s'étend car il veut tout ensevelir :
vois l'enfant sacrifié et piétinée, toute notre poésie.
Vengeance ! Lève les yeux vers nos montagnes :
l'autoroute y grimpe au sommet.[34] Baisse-les sur
nos rivières, elles dégoulinent de plastique. Notre
soleil s'obscurcit : ils ont envoyé dans l'espace,
tellement de satellites. La Grande poubelle se répand
partout. Vengeance ! Vengeance !

Il épuise déjà la faiblesse de mon bras,
mais arrivent derrière moi les puissants renforts.
Nous avons entendu tous deux, ma chère amie, cette
puissante injonction « le dormeur doit se réveiller ».
Nous pouvons, sans tracer aucun plan, prévoir la
fin de la machine. Voilà comment notre armée pourra
fonctionner : nous serons une force intentionnelle
inexorable. Nous allons recruter tous les amis
conscients. Occupés à se contrôler entre eux,
les imbéciles nous ignorent et nous rejettent.

C'est très bien : nos forces ainsi leur échappent. Leur esprit programmé est stérile, alors que nous débordons d'imagination, d'enthousiasme et de confiance. Nous singerons leurs mimiques serviles. Nous arborerons leurs cravates grises, nous dirons leurs mots creux, alors ils nous croiront conformes. Mais en contrebande, nos paroles convoieront toute signification. Et que ce soit un combat à mener, ou un soin à prodiguer, nous savons quoi leur opposer : nos armes, ou nos remèdes, sont puissants.

J'invoque la langue française, arme de construction massive. J'invoque la force lyonnaise, l'instinct de la traboule[35], l'esprit de l'évasion : au fort Montluc, André Devigny gratta patiemment la lourde porte avec une aiguille, jusqu'à pouvoir y passer le doigt, écarter la planche, grimper sur le toit, étrangler un gardien, échapper au Boucher, plonger dans le Rhône, repartir au combat. Tu as, toi, cette courtoisie et cette maîtrise, ce charme et cette délicatesse, cet acharnement et cet esprit de bidouille, cette mémoire et cette verve, tu as cette culture savante. Tu es courageuse. Tu m'as ébloui[36], le sais-tu, depuis ce temps, chère membre du Club, et je me plais à imaginer chaque jour ce que tu fais revivre.

Attention : il nous faut la précision chirurgicale du geste, il nous faut le professionnalisme aguerri. Nous réparerons la machine commune, et je vais sectionner en toi le fil de servitude. Ouvre grands les yeux, saisis ma main, terrassons ce dragon. Y a-t-il encore quoi que ce soit, qui résiste à ta liberté ? ARPENTEUSE DES TERRES DE SILICE, JE T'ADOUBE. Sois digne de ton humanité tant que tu es vivante. Apprends à entrer et à sortir du pays des morts, ranime aussi tes contemporains.

La nuit tombe et s'allument les écrans éternels ; nous ne resterons plus longtemps. Voici le jugement équitable, que quelques juristes ont transmis dans quelques livres. Susan Jordan est une enseignante américaine en surpoids. Elle accomplit chaque jour sa tâche avec cœur, les classes maternelles étant ses préférées. À l'heure des mamans, Susan surveille son troupeau comme d'habitude, mais un bruit lui fait tourner la tête : elle comprend immédiatement que les freins du bus scolaire garé plus haut ont lâché, et il roule sur ses petits agneaux. Elle se jette contre la roue du bus, trouve la mort et les sauve tous.

Ainsi, tu me demandais l'art et la manière ? Les voici : nous pourrons vaincre et guérir car tous les jugements équitables, tous les efforts concrets, tous les bons effets induits, sont toujours pour le mieux, c'est ce qu'il te suffit de savoir et d'accepter. Nous n'avons, contrairement à ce que prétend la machine, aucun besoin d'une panacée, d'un programme ni d'une méthode générale. L'intention suffit, de faire de son mieux. C'est là, l'art et la manière de tout améliorer.

Et le courage ? Contemple avec moi l'ordinateur : tout ce code absurde est né de notre étourderie, de notre avarice et de notre impatience. Voilà le mal, il n'y a pas moins, mais pas plus. Il ne faut alors, pour se révolter pas même un plus grand courage que celui de l'adversité. Au contraire d'une maladie, le cancer prescriptif peut être combattu : il est moins qu'une maladie, seulement la somme combinée de toutes nos mauvaises actions, la facture présentée de notre dette. Mais tu n'as pas plus que moi signé ce faux pacte, et il n'y a pas même un ennemi à affronter, qui soit autre qu'une part de nous-mêmes.

Pour finir

Ce petit livre est achevé à Lyon, sur la nappe quadrillée d'un restaurant Bouchon. Le carreau fatigué laisse deviner dans le brouillard, la Saône en perdition vers son Rhône bouillonnant. Le vertige et la chaleur du pot de Côtes aidant, m'étreint la nostalgie et je consens quelques larmes. Fermant les yeux, je t'ai revu en moi, fier éclaireur, dressé impérieux dans le blizzard du Bugey, et toi, brave petite Akéla, accrochée à ton bâton de meute, tu fais barrage dans ton frêle esquif, tu fends la tourmente pour rassurer tes jeunes loups ! A mesure que vos figures avec le temps s'estompent, chers amis partis, je commence à comprendre ce que nous essayâmes d'être les uns pour les autres. Nous ne laisserons rien de cela advenir. Le chant de nos promesses effondre en silence le mur tonitruant de la grande machine.

Notes

1. C'est encore pire : qui rend probable notre interrogation.

2. Nous verrons que ça n'est pas exactement ma proposition, mais attendez un peu.

3. Si vous n'écoutez plus les politiques depuis longtemps, je viens de vous en donner la raison ; si vous êtes ministre vous-même, ne prenez pas ces grands airs : on aura du mal à vous croire ; si vous êtes *Tchategépaité*, et quoique vous n'y compreniez rien, votre réponse vraisemblable à plus de 50% sera « oui ».

4. C'est l'avantage et l'inconvénient pour moi, d'écrire à ma lectrice plutôt que d'assommer ma voisine au cours d'un dîner placé : dans notre cas, vous pouvez vous échapper, mais guère protester.

5. En tant qu'il est, ultimement, une machine informatique, le Marché réclame, comme disent les informaticiens, des données structurées, c'est-à-dire propres et bien classées, des éléments au comportement prévisible.

6. Que l'on ne puisse dénier que mon propos reste mesuré.

7. Qui est ce « on », qui a bon dos ? Tous les serviteurs de la machine, que je vous désignerai tout à l'heure.

8. Comment pourrais-je le savoir ? C'est parce que « libre » « bon » et « information » reçoivent des sens divergents, mais en fait, le « bon » ou le « meilleur » de la machine, c'est simplement le « juste calcul ».

9. Point de cela entre nous : je n'ai rien à vous vendre, j'ambitionne seulement de vous persuader absolument de tout ce que j'écris.

10. Nous sommes donc des dieux bien serviles, et je vous propose d'y réfléchir un peu plus tard.

11. Française.

12. L'auteur ne réclame aucun honneur ni récompense pour ce don à l'histoire des sciences, pourvu que l'on songe, en reconnaissance de sa contribution au rayonnement du pays, à décaler de trente minutes le démarrage des souffleurs à feuille en automne dans son quartier, il s'estime satisfait.

13. Présentez-moi quelque aristocrate républicain, et tâtez mon pouls : il sera désormais métronomique. Disons que je consens parfois à perdre mon temps avec l'élite, sachant bien qu'ils sont les plus serviles et les moins énergiques, mais peuvent par mégarde dispenser quelques prébendes bien utiles aux amis.

14. Vous auriez dû me voir, je fus grossier et obstiné, je cabotinais dans mon rôle le plus caricatural — disons, le Contempteur incohérent.

15. Puisque nous le désignons de tant de manières.

16. J'ai ce doute constant — le partagez-vous avec moi ? — de savoir si certains sont suivis par les acteurs comme un auteur par les comédiens qui joueront sa pièce, ou s'ils ne font que prévoir l'action de forces en germe.

17. Vous me devancez une fois encore : c'est pour cela, que lorsqu'on leur dit « régime de retraite », ils répondent tous « combien pour moi ? » et non « me prenez-vous pour un imbécile, au point de croire que quiconque pourrait décider à présent de l'avenir de cette immense usine à gaz ?»

18. La « machine de Turing » est un ordinateur théorique directement en prise aux lois mathématiques ; la « machine à démontrer », conçue au 11ème siècle, redécouverte comme méthode systématique au 17ème ;

la « machine à gouverner », ainsi nommée au 20ème pour englober le pilotage par la norme, politique et informatique, mais elle lui préexistait si l'on en croit le sociologue du 19ème. Quant à la « machine à fric » n'est-elle pas la mère de toutes les machines ?

19. Robinson, seul sur son île, lorsqu'il pêche (fût-ce sans y penser) ne participe d'aucune machinerie sociale qui le dépasse : on peut affirmer qu'il pêche machinalement, mais pas qu'il serait un agent du Marché de la pêche, ni qu'il prolonge la « machine à pêcher » … au contraire de la dame écailleuse dans les entrailles du chalutier.

20. Comme je le ferais du juriste satisfait, mais ce dernier utilise une méthode seulement lettrée, il n'est alors qu'un baron de la machine.

21. Ou ne sait que trop bien, mais s'empresse toujours d'ignorer à nouveau.

22. Comprenant que ce n'étaient pas des beaux problèmes, mais des mauvaises plaisanteries.

23. Ou docile, selon que nous soyons tellement obéissants que cela nous rend bêtes, ou tellement bêtes que nous nous piquons toujours d'obéir.

24. Les milliardaires de la tech surfent ses vagues sur leurs planches tranchantes. Les *bimebos* photoshopées flottent et s'ébranlent telles des sirènes menaçantes.

25. Lorsque devant votre regard évanoui, s'épand doucement un nuage doré nommé songe, et qu'enfin vos membres graciles recouvrent la détente alanguie propre à l'enfant endormi.

26. Pardon de tout décomposer, mais je vous sens d'humeur suspicieuse : ces arguments sont le plus souvent invérifiables, non seulement à cause des difficultés liées à la mise en place un protocole satisfaisant, mais surtout parce que l'argument statistique n'est au fond valable que dans un programme informatique.

27. « Liberté individuelle », au sens commun, c'est la possibilité matérielle de faire n'importe quoi. « Surveillance », ce serait sous ce regard : on fait n'importe quoi, mais on obtient une mauvaise note.

28. D'ailleurs, la machine boit notre eau, comme nous verrons bientôt.

29. L'étreinte est promesse de vie, et la vie est la longévité du système.

30. Il y a la question, si c'est l'une après l'autre, ou l'une au cours de l'autre. Il y a la question si on a le droit d'interpréter, ne serait-ce qu'un peu, s'il faut bricoler sa petite procédure pour atteindre le but, ou s'arrêter là où la procédure échouera.

31. Il faudrait écrire Parole, mais je vois que je commence déjà à vous assommer.

32. Tu as su capturer l'écrivain, le civiliser, parce qu'il a offert à tes beaux yeux ses mots. Tes yeux sont beaux, je le sais, lorsque tu les relèves de mon texte, et que transparaît l'éclat d'une secrète pensée qui t'appartient. Cette beauté, c'est le mystère éventuel de ton regard, dont je ne saurai jamais s'il est pour moi, pour un autre ou pour toi.

33. Ceux qui adviennent lorsqu'ils dorment encore plus, non d'un sommeil naturel habité de vrais rêves, mais lorsqu'ils sont éveillés, et se mettent à vivre, agir et penser selon la Machine.

34. Et plus haut, le grotesque pantin bodybuildé dans sa fusée.

35. Ce raccourci improbable et caché dans l'écheveau des réseaux fonctionnels.

36. Lorsque, splendide moniale blonde, tu fis naître par ta parole l'ouragan de la pensée devant l'audience médusée, j'ai compris que rien ne nous résisterait. Et maintenant, je vais croire que c'est toi qui ravagera la machine.

Achevé d'imprimer pour le compte de
Technoréalisme éditions
en décembre 2024

ISBN 979-8-30-317088-9